DE LA

CONVERSION DES MUSULMANS

AU CHRISTIANISME.

La Guillotière. Imprimerie de J.-M. Bajat, cours de Brosses, 8.

DE LA

CONVERSION DES MUSULMANS

AU CHRISTIANISME,

considérée

COMME MOYEN D'AFFERMIR LA PUISSANCE FRANÇAISE

EN ALGÉRIE,

PAR UN OFFICIER DE L'ARMÉE D'AFRIQUE.

PARIS,

Jacques LECOFFRE et Cⁱᵉ, rue du Vieux-Colombier 29.

LYON,

GIRARD et GUYET, place Bellecour, 21.

—

1846.

Avant-Propos.

Jusqu'à présent personne n'a osé parler sérieusement de conversion en Algérie. Le gouvernement a toujours espéré, par sa tolérance, s'attacher les Musulmans soumis; et craignant, surtout dans les premières années de notre occupation, de soulever contre nous des tribus encore inhostiles, il a veillé, avec la plus scrupuleuse attention, à ce que les Arabes ne fussent pas inquiétés dans l'exercice de leur religion; en conséquence, tout effort de propagande religieuse a été défendu, et l'éducation des Musulmans est restée en dehors de notre influence. Enfin, pour les rassurer complètement, nous relevons leurs mosquées, nous en construisons de nouvelles, et nous les laissons se livrer en pleine liberté aux pratiques de leur culte.

Tel est le système que nous avons suivi et que nous suivons encore, mais, ainsi que nous le ferons voir, sans résultats satisfaisants. L'expérience de ce système, qui dure depuis seize ans, temps pendant lequel notre domination, grâce à une armée considérable et coûteuse, s'est étendue à peu près sur toute l'Algérie, ne doit-elle pas nous engager à en changer? Nous n'hésitons pas à répondre par l'affirmative, et nous espérons faire partager au lecteur la confiance que nous inspire celui que nous allons proposer; pour le trouver, nous avons cherché la cause qui met obstacle à nos progrès chez les indigènes.

Le fanatisme religieux des Musulmans est certainement ce qui donne tant de force à la résistance que nous rencontrons en Afrique. Eh bien! cette religion que nous avons respectée jusqu'à ce jour, nous osons aujourd'hui proposer, comme moyen d'affermir notre puissance, de la combattre de front et d'établir notre culte sur les ruines de l'Islamisme. Pour donner à cette pensée tout le développement nécessaire, nous allons chercher à prouver qu'il est utile, qu'il est opportun et qu'il est possible de convertir les Musulmans de l'Algérie. Pour soutenir ces assertions, nous démontrerons d'abord que le concours des indigènes nous est nécessaire pour terminer heureusement notre œuvre de colonisation, et que nous ne pouvons espérer ce concours sincère que de ceux avec lesquels nous vivrons en communauté de religion. Or, pour arriver à cette communauté de principes religieux, il faut obtenir la conversion des Musulmans au Christianisme. Nous finirons donc en démontrant que, par la prédication, nous pouvons opérer cette conversion.

Il est vrai qu'elle soulèvera contre nous des ennemis, mais nous sommes en état de les vaincre ; et, après la victoire, nous jouirons, dans une paix durable, des avantages immenses de la conversion.

CHAPITRE PREMIER.

CONSIDÉRATIONS GÉNÉRALES SUR L'ÉTAT POLITIQUE DES MUSULMANS EN ALGÉRIE.

Notre domination en Afrique produit sur les populations musulmanes des effets très-différents, suivant le genre de relations que nous avons avec elles. Étudiées sous ce rapport, elles doivent être divisées en trois catégories : 1° les Musulmans qui sont en contact immédiat avec nous ; 2° ceux sur qui nous n'agissons que par l'influence des chefs nommés par nous, et avec lesquels nous n'avons que des rapports passagers ; 3° enfin, les peuplades que nous n'avons pas encore domptées, et qui ne nous connaissent que par les maux de la guerre, par quelques relations commerciales, et par les récits des voyageurs.

§ 1er.

Les Musulmans avec lesquels nous sommes en contact immédiat sont les habitants des villes, et ceux de quelques douars fixés près de ces dernières. Pour eux, l'influence de notre contact a été funeste. Habitués à la paresse et s'en faisant gloire, ils n'ont pu, avec leurs petites industries, soutenir la concurrence soulevée par l'activité des Européens et la finesse des Juifs. Souffrant d'autre part de la hausse énorme survenue dans le prix de tous les objets de consommation depuis que nous occupons le pays, ils sont réduits à la plus profonde misère. Cette misère ne pouvait manquer d'engendrer tous les maux. Les vieillards, restant sans ressources, meurent de faim, en regrettant la domination turque. Les jeunes gens, n'imitant que nos défauts, se livrent à l'ivrognerie et à la débauche. Les femmes, ne trouvant dans leur intérieur que misère et mauvais traitements, cherchent dans la prostitution des ressources contre la première et un abri contre les derniers. Enfin, le plus souvent, les enfants vivant sans frein dès l'âge le plus tendre, commencent une carrière de vices sur les places publiques.

Après avoir semé tous ces maux et n'y avoir porté encore aucun remède efficace, nous ne pouvons récolter que la haine. Comprimée par la force, elle reste ordinairement cachée; mais quand les circonstances le permettent elle ne fait explosion qu'avec plus de violence.

C'est donc un fait certain et que nous ne pouvons nous dissimuler : presque tous les Musulmans vivant en contact avec nous, sont misérables, nous en accusent et nous haïssent. Si quelques-uns, par de serviles protestations, cherchent à nous prouver leur affection, la cupidité seule en est cause : les uns, enrichis par nos faveurs, nous flattent pour les conserver; les autres, qui les sollicitent, n'épargnent aucune protestation pour paraître dignes de les obtenir. Nous ne pouvons être dupes ni des uns ni des autres.

§ 2.

Les Musulmans, sur lesquels nous n'agissons que par l'influence des chefs que nous avons nommés, et avec qui nous n'avons que des relations passagères, sont les Arabes des tribus soumises, mais vivant loin de nos villes.

Ceux-ci sont certainement moins hostiles que

les premiers. Néanmoins, nous ne pouvons pas davantage compter sur leur affection. Même parmi les chefs nommés par nous, et les soldats à notre solde, il n'en est qu'un petit nombre sur le dévouement desquels on pourrait compter.

Quant aux autres indigènes, ils ont oublié l'oppression sous laquelle ils gémissaient du temps de nos prédécesseurs, et ils maudissent notre domination, quelque léger qu'en soit le poids.

Il est triste de l'avouer, mais l'expérience l'a plusieurs fois prouvé: qu'Abd-el-Kader ou tout autre fanatique se présente avec une centaine de cavaliers devant la tribu la plus puissante et la mieux soumise, cette tribu fera défection, fut-elle vingt fois plus forte que l'ennemi qui la menace.

Le temps modifiera-t-il cet état de choses? Cela paraît peu probable. Avec le système suivi jusqu'à ce jour, les Arabes, comme les Musulmans des villes, peuvent veiller à ce que leurs enfants ne se rapprochent pas de nous, et soient élevés dans leurs idées ; les enfants seront donc pour nous ce que sont leurs pères, à moins que, par suite des chances fâcheuses que nous courons, ils ne deviennent tout-à-fait hostiles.

§ 3.

Cette dernière catégorie se compose des peuplades insoumises. Elles sont formées de Kabyles que les Turcs eux-mêmes n'ont pu dompter, et d'Arabes qui habitent le sud de l'Afrique, trop loin de nos camps pour que, jusqu'à présent, nous ayons pu agir contre eux d'une manière efficace. Kabyles et Arabes, ces Musulmans sont presque ouvertement nos ennemis, et toujours prêts à fournir des contingents pour ce qu'ils appellent la guerre sainte. Si quelques-unes de ces tribus paraissent rechercher notre amitié, nous pouvons être certains que l'intérêt de leurs chefs les y engage. Mais qu'une guerre sérieuse nous menace, nous pouvons d'avance compter les trouver en première ligne des ennemis que nous aurons à combattre.

Nous sommes malheureusement obligés de conconclure de ces faits que nous n'avons chez les Musulmans que des ennemis. Nos relations journalières avec ceux de la première catégorie les obligent, il est vrai, à cacher leur haine, mais elle n'en devient que plus vive. Le système que nous employons pour gouverner les tribus soumises est impuissant pour la détruire. Enfin, nos alliances sont de nulle valeur, et ne servent qu'à suspendre momentanément l'hostilité des tribus encore indomptées.

Les travaux incessants de la nombreuse armée que nous avons en Afrique, compriment toutes ces haines, et y rendent notre situation tolérable; mais la France, même en la supposant constamment en paix avec toute l'Europe, ne se lassera-t-elle pas un jour d'entretenir en Algérie une armée de cent mille hommes pour la protection de ses colons, aujourd'hui si peu nombreux, et dont l'accroissement marche si lentement (*).

Cette crainte paraît naturelle. Si la France retirait son armée, quel serait le prix de tous les efforts que nous aurions faits sur cette terre ? Pour qui serait ces routes établies à grands frais ? ces villes fondées? ces plaines insalubres rendues à la culture ? L'abandon de l'Afrique que nos soldats seuls protègent aujourd'hui serait pour la France un sujet d'opprobre et une source de calamités.

Avec le système employé jusqu'à présent, nous n'avons pu gagner l'amitié des Musulmans. Entre eux et nous est restée fermée la barrière infranchissable qu'oppose à tous nos efforts leur religion.

(*) On compte aujourd'hui environ cent mille habitants européens en Algérie. Mais si de ce nombre on déduit ceux qui, nécessaires à l'armée, vivent par elle, à coup sûr il ne restera pas vingt mille colons véritables.

C'est la religion qui tient leurs enfants éloignés de nos écoles. C'est elle qui, défendant les rapports journaliers du Musulman avec le Chrétien, les empêche d'étudier notre langue, de s'instruire dans nos arts, d'apprendre nos professions, de connaître notre vie de famille. C'est elle qui, par les nombreuses confréries qu'elle a formées, et dont les liens secrets s'étendent sur toute l'Afrique musulmane, y entretient le fanatisme. C'est donc cette barrière qu'il faut briser.

Mais, dira-t-on, pouvons-nous, en restant conséquents avec nous-mêmes, nous, les apôtres de la tolérance religieuse, chercher à détruire des croyances solidement établies? Au moment où nous allons construire une mosquée à Paris pour les Musulmans étrangers, faut-il démolir celle que vénèrent les habitants de l'Algérie ?

Au milieu de la France chrétienne, nous pouvons, sans inconvénient, protéger quelques hommes, quelle que soit leur religion. Ils ne sont point nos ennemis, ne diffèrent pas de nous par les mœurs, et le Christianisme n'est pas nécessaire pour les conduire à la civilisation dont ils partagent avec nous les bienfaits. En Afrique, au contraire, ce sont les Chrétiens qui sont en petit nombre, et les Musulmans qui sont leurs ennemis, y forment la majorité. Sans changement de religion, ls garderont leur hostilité et leurs mœurs, et ils ne pourront arriver à la civilisation, à laquelle les conduirait le Christianisme. Faut-il donc employer contre eux l'extermination ? Ce moyen, digne des siècles de barbarie, personne aujourd'hui n'oserait le proposer. Cherchons donc, par la communauté de religion, à les amener sincèrement à nous ; c'est elle qui formera le seul lien qui puisse attacher l'Afrique à l'Europe. Ses avantages seront immenses : nous allons chercher à les indiquer.

CHAPITRE II.

—

AVANTAGES QUI RÉSULTERAIENT DE LA CONVERSION DES
MUSULMANS AU CHRISTIANISME.

La conséquence la plus certaine d'un changement de religion chez les indigènes serait la sépa-
ration complète et définitive des convertis et des
Musulmans, car l'abandon de l'Islamisme est pour
les sectateurs de Mahomet un crime qu'ils ne par-
donnent jamais, et qu'ils punissent du dernier
supplice. Le premier effet de la conversion serait
donc la division de nos ennemis.

Le lien de la religion qui les unit aujourd'hui, et
qui peut, en un moment funeste pour notre domination, les soulever tous contre nous, serait
ainsi rompu, et le nombre de nos ennemis diminué

d'un chiffre d'autant plus fort que celui des convertis serait plus élevé. Ainsi séparés de leurs coréligionnaires, ils s'attacheraient *forcément à nous*, car nous seuls serions capables de les protéger contre la vengeance des Musulmans restés fidèles au culte de leurs pères.

Ces indigènes convertis, dont le nombre irait nécessairement toujours en croissant, nous fourniraient d'excellents auxiliaires. Ils seraient fidèles, puisque leur sûreté les y obligerait, et les rigueurs de leur climat, auquel nous avons tant de peine à nous habituer, ne leur seraient point fatales. Soldats, ils supporteraient mieux que notre armée l'influence d'un soleil brûlant ; colons, ils souffriraient moins que nos paysans en se livrant aux insalubres travaux du défrichement. Leur augmentation progressive, tout en donnant pour la fertilisation du sol des auxiliaires à nos colons, nous permettrait aussi de remplacer par des troupes indigènes, sur la fidélité desquelles on pourrait compter, plusieurs des régiments que la France fournit à l'Algérie. Tout le monde sent les immenses avantages qui résulteraient d'un pareil changement sous le rapport de la conservation des hommes et de l'économie du budget.

Un avantage non moins grand pour le présent et pour l'avenir, un avantage dans l'intérêt de notre puissance matérielle et de la moralisation

dont l'Afrique a tant besoin , naîtrait nécessairement de l'éducation et de l'instruction chrétienne
qui pourraient alors être données aux enfants des
Arabes convertis. Aujourd'hui, la défiance religieuse que nous inspirons aux Musulmans est telle,
qu'ils ne souffrent pas que leurs fils écoutent aucune de nos leçons, même celles de notre langue.
Mais l'obstacle religieux une fois levé, leur envoi
dans nos écoles pourrait être rendu obligatoire. Là,
guidés par des maîtres bien choisis, non-seulement
ils recevraient l'instruction chrétienne, qui est si
propre à moraliser les hommes, mais en outre ils
seraient appelés à l'étude des lettres, des sciences
et des arts. La conversion aurait donc aussi l'avantage de faire sortir les Arabes de l'ignorance profonde dans laquelle ils vivent et de les amener à la
civilisation (*).

Enfin, les mariages entre les Européens et les in-

(*) Dans l'Algérie, l'agriculture, cette première source de la prospérité
d'un pays, est véritablement dans l'enfance. On n'y sème que de l'orge et
une seule espèce de blé ; et la terre; qu'on laisse souvent en friche, rend
à peine, quand elle est cultivée, cinq fois la valeur des semailles. Les
autres cultures sont presque inconnues ; les arbres fruitiers sont rarement
greffés , et on n'en trouve guère qu'aux environs des villes et dans les
montagnes. Par leur ignorance dans cet art, le plus utile de tous , qu'on
juge des autres. Quant aux sciences, il est rare de trouver un thaleb (sa-
vant), comprenant le Koran , connaissant, même de nom , les nations
éloignées de la Méditerranée et sachant les premiers éléments d'arithmé-
tique.

digènes seraient la dernière conséquence de la conversion : ces alliances, devenues nombreuses, achèveraient la fusion des deux peuples. Ces mariages seraient nécessaires sous un rapport encore plus important : L'on sait que les enfants d'Européens ne tardent pas à périr, pour la plupart, sur cette terre étrangère, il est naturel de croire que des enfants qui naîtraient de mariages mixtes résisteraient davantage.

Nous venons de faire voir quels avantages on obtiendrait en rendant Chrétiens les Musulmans ; il reste à indiquer par quels moyens on devra chercher à y parvenir.

CHAPITRE III.

—

DE LA PRÉDICATION EMPLOYÉE COMME MOYEN DE CONVERSION.

La conversion des Musulmans en Algérie est une mission grande et périlleuse, qui doit être surtout confiée au clergé. Ce sont nos prêtres qui doivent aujourd'hui entrer en campagne ; car eux aussi vont avoir à lutter de front avec l'Islamisme. Les faibles succès qu'ils ont obtenus depuis 1830 n'ont point de valeur. Si quelques Musulmans ont reçu le baptême, ils rougissent de leur nouvelle foi, la cachent à leurs compatriotes et gardent le turban. Le voile qui a caché l'œuvre de leur conversion n'est point levé. Quelques prêtres seuls peuvent reconnaître ces nouveaux membres de notre religion.

Ces conversions faites dans l'ombre, presque toujours par l'appât de quelques faveurs, ne sont dignes ni de notre religion ni de notre puissance. Telles ne sont pas celles que la prédication devra obtenir. Les Musulmans que nos missionnaires rendront chrétiens devront fouler sous leurs pieds le turban et se faire gloire de devenir nos frères. Notre puissance nous permet de ne les laisser exposés ni aux mauvais traitements, ni aux insultes de leurs anciens coréligionnaires.

Que, protégés par notre armée, des missionnaires nombreux viennent donc prêcher la foi en Afrique; qu'ils se montrent sur les places publiques, au milieu des marchés, dans les douars; que partout leur parole ardente se fasse entendre ; que les Musulmans, qui nous accusent d'athéisme ou d'idolâtrie, entendent partout les louanges que nous adressons au Dieu que Mahomet lui-même leur apprenait à adorer; qu'un appel soit fait au clergé de la chrétienté toute entière, et surtout à nos frères de Syrie, et bientôt l'Afrique sera couverte de prédicateurs dévoués et capables de faire entendre aux Arabes la parole divine dans leur propre langue. Parmi ces missionnaires, surtout parmi ceux qui prêcheront hors de nos villes, il y aura sans doute des victimes ; mais quelque grandes que soient les chances de mort, nous pouvons être certains que notre clergé, qui a si souvent fait ses

preuves, ne reculera pas plus, en Afrique, devant
les palmes du martyre, que nos soldats ne reculent
devant celles de la gloire. L'espoir d'amener à la
vraie foi des milliers d'infidèles, de civiliser un
peuple tout entier, de servir la France et d'affermir
une conquête jusqu'à ce jour si précaire, est un
mobile bien digne du zèle et du courage de nos
missionnaires.

CHAPITRE IV.

—

DES PREMIERS EFFETS DE LA PRÉDICATION SUR LES MUSULMANS.

A la voix des missionnaires, nous verrons une partie des Musulmans se convertir; d'autres, n'é-coutant pas mieux leurs paroles que celles de leurs marabouts, continueront à vivre dans l'indifférence; enfin les derniers ennemis fanatiques de notre religion, resteront fidèles aux principes du Koran.

Voyons d'abord ce que ceux-ci pourront contre nous. Comprimés par nos forces, ils subiront notre joug, ou bien émigreront pour se réunir aux tribus insoumises et aux nations voisines, et les exciter à la guerre. Laissons-les émigrer en toute liberté; ils seront impuissants pour susciter contre nous des guerres sérieuses, et y parvinssent-ils, les forces que nous maintenons en Afrique nous permettent de ne redouter ni les tribus encore indomptées, ni même les puissances voisines. Une attaque provenant de Maroc ou de Tunis est, à la vérité, maintenant improbable ; néanmoins, elle est une des conséquences éloignées de notre conquête, car nous ne devons pas nous le dissimuler, la guerre que nous faisons nous mènera bien au-delà de la conquête de l'Algérie. Son but, qui tôt ou tard sera obtenu, est le triomphe de la civilisation sur la Barbarie. Ce triomphe mettra l'Afrique à la hauteur des progrès qui, depuis plusieurs siècles, placent l'Europe à la tête du monde ; il sera le partage de la France, et de la France seule : elle doit donc, pour l'obtenir, employer tous ses efforts, et ne pas attendre qu'une autre nation européenne, s'emparant d'un des états voisins de l'Algérie, vienne unir ses efforts aux nôtres pour terminer cette œuvre de civilisation.

Le caractère des indigènes, joint à leur fanatisme religieux, rendrait toute prédication impossible sans l'intervention de l'armée. La première tâche qu'elle aura à remplir sera d'empêcher les révoltes, tout en protégeant nos prêtres et leurs néophites contre la haine qu'ils inspireront à nos ennemis.

Mais si elle ne peut parvenir à comprimer leur hostilité, si une insurrection ou une invasion de notre territoire nous force à la guerre, qu'elle soit faite dans un but différent de celui qui nous dirige aujourd'hui. Ne voulant plus civiliser et coloniser l'Algérie par le concours des Musulmans, laissons partir tous ceux qui voudront quitter nos possessions, mais punissons sans pitié ceux qui y rentreront en ennemis. Ne craignons pas d'user d'un moyen qu'ils redoutent trop pour qu'il ne soit pas efficace ; que les femmes et les enfants qui, dans cette guerre, resteront en notre pouvoir, soient traités comme européens ; que les femmes soient enfermées dans des établissements religieux et y restent jusqu'à ce que la conversion ou le mariage avec un chrétien nous permettent de leur rendre la liberté ; que les enfants, élevés dans nos écoles, y prennent notre religion, nos mœurs et nos habitudes. Ces moyens pourront paraître violents, mais ils produiront de bons effets ; d'ailleurs, ils sont doux, comparés à l'impitoyable razzia.

Il faut l'avouer, la prédication serait un moyen à repousser si elle nous forçait à traiter ainsi tous les Musulmans ; mais quelques-uns au lieu de devenir hostiles seront convertis. Disons quelle devra être notre conduite à leur égard.

Tous les Musulmans, devenus chrétiens, seront immédiatement incorporés à la grande famille :

les mariages mixtes sont pour cela le meilleur moyen. Que les femmes européennes soient dotées par l'état dès qu'elles consentiront à épouser un nouveau chrétien ; qu'il en soit de même pour les Musulmanes qui prendront notre religion et s'allieront à un de nos frères.

Mais c'est surtout sur la jeune génération que nous devrons agir. Que des écoles soient établies dans tous les lieux où la prédication fera des prosélytes ; que la religion y soit enseignée et mise en pratique ; que les enfants n'en sortent qu'après avoir appris notre langue et une profession. Ainsi élevés, ils n'auront plus tard aucune répugnance pour les mariages mixtes, que nous encouragerons par des dots en argent, par des concessions et par des emplois. Ainsi liés à nous par le sang et par l'intérêt, séparés des Musulmans par une haine profonde et implacable, ces néophytes deviendront vraiment nos frères et seront, avec le temps, les plus fermes soutiens de notre colonie qui, par eux, et par eux seuls peut-être, pourra devenir prospère et durable.

Après avoir dit ce que nous avons à craindre des Musulmans ennemis, ce que nous devons espérer des Musulmans convertis, voyons enfin ce que nous devons attendre de ceux qui resteront dans l'indifférence.

Leur nombre sera d'abord considérable : beaucoup d'indigènes craignant de lever les premiers l'étendard de la révolte, et fixés au sol par quelque intérêt, se borneront à ne pas écouter nos prédicateurs ; mais dès que quelques succès les feront connaître, la vieille religion de l'Islam s'émouvra. A la voix des marabouts, le parti ennemi se formera : sentant leur pouvoir menacé, ils combattront nos missionnaires par tous les moyens en leur pouvoir, et exciteront, en faveur de leur religion, le fanatisme qui autrefois fit triompher les disciples guerriers de Mahomet.

Entre des prédicateurs soutenant chacun que leur parole est la parole de Dieu, et déclarant impie celle de leurs adversaires, l'indifférence est difficile, surtout si la guerre de paroles est suivie de la guerre réelle. Aussi les indifférents, poussés vers l'un ou l'autre parti, bientôt en choisiront un, et leur classe, d'abord nombreuse, diminuera chaque jour et deviendra de nulle importance.

La prédication fera donc naître chez les Musulmans deux partis seulement : celui des fanatiques, ouvertement nos ennemis, et celui des convertis. Nous avons montré précédemment que l'hostilité des premiers ne serait pas à craindre, et que l'amitié des seconds serait pour nous aussi précieuse qu'inaltérable. C'est du nombre de ces derniers que dépendra le succès de la prédication, qui, nous l'avouons, serait inopportune, si, comme on l'a craint jusqu'à ce jour, elle n'avait d'autre effet que de soulever contre nous des ennemis. Cherchons donc à apprécier les chances de succès de nos missionnaires.

CHAPITRE V.

—

LA PRÉDICATION EN ALGÉRIE SERA EFFICACE.

Avant de montrer quelles sont les chances de succès que nos missionnaires trouveront en Algérie, commençons par avouer que si nous voulons opérer la conversion de tout un peuple, nous devrions au moins commencer par nous montrer nous-mêmes à ses yeux attachés à la religion que nous professons et fidèles observateurs de son culte. Nos ennemis ne nous reprocheraient plus alors de n'en point avoir. Cette calomnie, malheureusement, est facile à propager. En effet, les Musulmans auxquels Mahomet a enseigné à se reconnaître par des pratiques extérieures, et pour lesquels la prière purement mentale est inconnue, ne nous voient manifester par aucun signe notre croyance en Dieu, il est donc naturel qu'ils nous accusent d'athéisme. L'érection des nombreuses églises dont le gouvernement vient de doter l'Algérie, changera sans doute leurs idées à cet égard, surtout lorsqu'ils les verront remplies de fidèles. Malheureusement cela n'a pas lieu encore, et sous le rapport de la religion, la colonie devrait, dans son intérêt, donner un meilleur exemple: mais tel sera, sans doute, le premier effet de la prédication.

Que des prêtres habiles et zélés soient envoyés en Afrique, et la religion qui, chez la plupart des colons français et surtout chez les colons espagnols et italiens est loin d'être éteinte, sera bientôt ranimée; notre armée elle-même montrera qu'elle n'a point oublié la foi de ses pères.

Il est des Européens, il est vrai, qui d'abord resteront sourds à la voix des missionnaires; mais la plupart subiront bientôt la loi de l'entraînement; ils la subiront d'autant mieux que tout ce qui se passera autour d'eux les y engagera.

En effet, ils verront d'un côté les indigènes restés Musulmans observer avec la plus grande rigidité les préceptes de leur religion, et de l'autre, ceux qui déjà seront convertis montrer la ferveur naturelle aux néophytes. Le désir de paraître aussi religieux que ces indigènes, la conscience de la force que nous donnera notre union dans la même foi, le besoin de cette force au milieu de tant d'ennemis, enfin l'isolement de la famille qui nous poussera à en constituer une nouvelle par l'union avec des coréligionnaires, telles sont les causes qui doivent faire espérer que bientôt la prédication remplira nos temples.

Quant aux Européens restés incrédules malgré les efforts de nos missionnaires, ils comprendront que, s'il est indigne d'hommes d'honneur d'afficher une religion à laquelle ils ne croient pas, il ne leur est pas permis de blâmer, et encore moins de tourner en ridicule, les Européens ou les indigènes pratiquant le culte d'une religion de la vérité de laquelle ils sont convaincus.

Aucune voix européenne ne s'élèvera donc pour éloigner les Musulmans de la religion à laquelle nous voulons les amener ; et nos missionnaires, dont les premiers efforts auront eu pour résultat de ranimer la religion chez nous, se seront ainsi donné des auxiliaires auxquels bientôt se joindront les néophytes qui, bien mieux que nous, auront de l'action sur leurs anciens frères.

Nous avons dit plus haut que nous avons les moyens et que nous saurions faire respecter nos prêtres par les indigènes : aucune cause n'affaiblira donc l'influence de leur parole.

Le caractère des Arabes doit nous faire espérer que la prédication sera alors bien puissante. Simples et ignorants, habitués à respecter le nom de Dieu, ils aiment surtout à parler de religion. Il n'est pas douteux que ces dispositions qui leur sont naturelles ne rendent facile la tâche des missionnaires qui présenteront à leur adoration le Christ, que Mahomet lui-même n'a pu s'empêcher de vénérer.

Déjà l'Afrique a plus d'une fois changé de croyance, et aujourd'hui même les Musulmans acceptent comme paroles sacrées les contes absurdes de leurs marabouts. Soyons donc certains que nos prêtres, en prêchant avec éloquence les vérités chrétiennes, obtiendront les plus grands succès.

Du reste, à ces moyens purement religieux, ajoutous-en d'autres qui auront aussi de l'influence. Songeons que ce qui sera pour nous le plus difficile, c'est d'amener les Musulmans à quitter le turban. Qu'ils le fassent par suite d'une conversion véritable ou par toute autre cause, ils n'en seront pas moins à jamais séparés de ceux qui resteront fidèles à l'Islamisme. Cherchons donc par tous les moyens possibles à obtenir ce résultat, dussions-nous faire quelques mauvais néophytes; plus tard, eux, ou du moins leurs enfants, deviendront de véritables chrétiens.

Qu'aux convertis soit réservée une large part

dans les emplois et dans les faveurs dont l'autorité dispose ; que de grands avantages soient faits à ceux qui seront admis dans notre armée, afin que bientôt des corps d'indigènes chrétiens remplacent ceux aujourd'hui formés d'indigènes musulmans. Si maintenant, au moment où une espèce de paix règne en Algérie, nous comprenons qu'instruire dans l'art de la guerre des hommes qui, d'un jour à l'autre peuvent devenir nos ennemis, est une imprudence, nous en serons bien mieux convaincus lorsque la religion musulmane, aux abois, cherchera partout des ennemis à nous susciter.

Favorisons plus encore les convertis qui voudront se livrer à l'agriculture. Que de même que nos colons, et au milieu d'eux, ils reçoivent des concessions, des instruments aratoires, etc.; que rien ne soit négligé pour favoriser chez eux le goût des travaux rustiques en leur faisant perdre leur esprit guerrier. Ce n'est que par la culture trop négligée jusqu'à ce jour que nous pourrons assainir beaucoup de localités : or, nous avons un grand intérêt à y employer des Arabes, car l'habitation de ces terrains en friche est meurtrière pour nous. Prenons ainsi chez les Musulmans convertis de véritables colons, que bientôt les mariages mixtes mêleront à ceux que l'Europe nous envoie.

Quant aux indigènes qui résisteront à tous les moyens de conversion dont nous venons de parler,

loin de nous l'idée qu'ils soient l'objet d'une persé-
cution religieuse, seulement punissons avec la plus
grande sévérité ceux dont les actes tendront à éloigner de nous des prosélytes. Mais que les Musulmans ne reçoivent de nous aucune faveur; aban-
donnons-les à l'oppression de leurs chefs; que nos
magistrats cessent de les protéger contre la corrup-
tion et l'injustice de leurs cadis; laissons-les dans
leur ignorance; qu'ils vivent dans un isolement
complet au milieu de nous, afin que jugeant bientôt de l'imperfection de leur société, ils soient
désireux de vivre dans la nôtre, qui ne les adop-
tera alors qu'à condition qu'ils renonceront à
l'Islamisme.

Tels sont les moyens à l'aide desquels nous pouvons être certains que nous convertirons à notre
religion un grand nombre de Musulmans. Comment
ne pas réussir quand on combat en faveur de la
vérité, et que l'on a dans la lutte l'avantage du
savoir et de la force.

CONCLUSION.

Après seize ans d'efforts, le gouvernement n'a pu attirer en Afrique qu'un petit nombre de colons, et pendant ces seize ans il y a prodigué nos hommes et nos finances. Nos soldats y sont décimés par le fer ennemi et par l'influence meurtrière du climat. Les millions que nous y avons dépensés ont permis à peine d'ébaucher les nombreux travaux que la civilisation doit y faire créer. Nous sommes donc encore bien éloignés du but qu'il faut atteindre !

Le temps nous en rapprochera-t-il ? Nous croyons avoir prouvé qu'avec le système suivi jusqu'à ce jour on ne peut l'espérer; nous devons même craindre que tôt ou tard notre position ne s'aggrave, soit à l'occasion d'une guerre avec une puissance européenne, soit à l'occasion de quelque événement que l'on ne peut prévoir. Les Arabes, en se battant tous les jours avec nous, profitent des leçons que nous leur donnons, et ils ne manquent ni de ténacité ni de courage. Cette guerre n'est donc pas de celles que l'on peut prolonger impunément; il faut absolument en finir, et puisque le système suivi jusqu'à ce jour ne peut réussir, il faut en changer. Nous avons fait voir que la conversion des Musulmans au Christianisme affermirait et rendrait plus grande notre puissance en Algérie, et que par des efforts bien dirigés nous pourrions l'obtenir : levons donc sans retard le nouvel étendard qui doit venir en aide à nos soldats, dépérissant en vain sur cette terre.

Nous le croyons fermement, en peu d'années la prédication aura affermi notre puissance en Afrique. Parmi les ennemis que nous y comptons, elle aura éloigné les uns qui, se regardant comme persécutés, auront pris le parti d'émigrer ; des autres, au contraire, elle aura fait de nouveaux chrétiens, et, par suite, des auxiliaires pour la grande œuvre de civilisation que nous avons entreprise.

Cette voie nous paraît la seule qui puisse amener notre conquête à une fin réellement à désirer, à la fusion du peuple vaincu avec son vainqueur, et par suite, à l'adjonction réelle à la France d'un vaste empire qui deviendra pour elle la source de grandes richesses.

FIN.